Impressum
Verlag: BABADADA GmbH, Nedderfeld 112 , 22529 Hamburg
Geschäftsführer / Verlagsleitung: Harald Hof
Druck: Books on Demand GmbH, In de Tarpen 42, 22848 Norderstedt

Imprint
Publisher: BABADADA GmbH, Nedderfeld 112 , 22529 Hamburg, Germany
Managing Director / Publishing direction: Harald Hof
Print: Books on Demand GmbH, In de Tarpen 42, 22848 Norderstedt, Germany

škola

sekolah

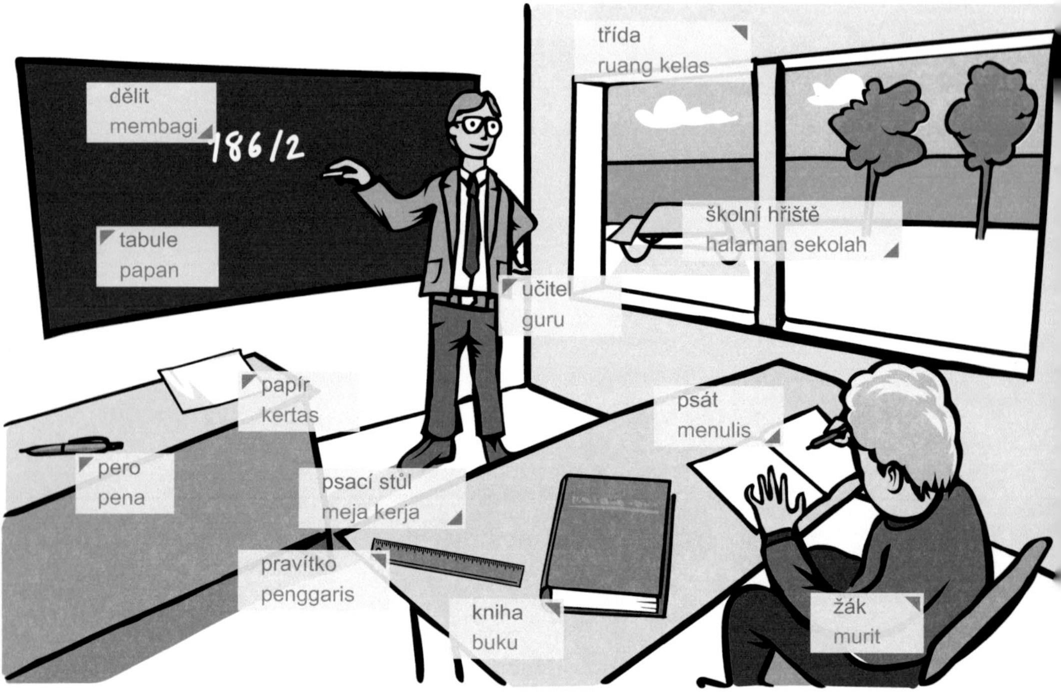

třída
ruang kelas
dělit
membagi
186/2
tabule
papan
školní hřiště
halaman sekolah
učitel
guru
papír
kertas
psát
menulis
pero
pena
psací stůl
meja kerja
pravítko
penggaris
kniha
buku
žák
murit

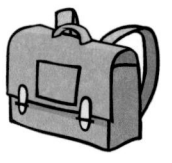

aktovka

tas sekolah

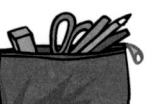

penál

tempat pensil

tužka

pensil

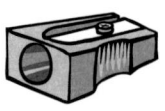

ořezávátko

pengasah pensil

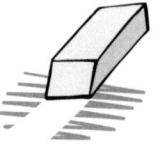

guma

penghapus

blok na kreslení

kertas gambar

výkres

gambar

štětec

kuas

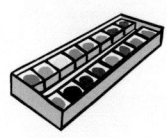

malířské potřeby

kotak cat

nůžky

gunting

lepidlo

lem

cvičebnice

buku latihan

domácí úkol

pekerjaan rumah

12

počet

angka

2+2

sčítat

tambhakan

5-2

odčítat

mengurangi

2×2

násobit

mengalikan

počítat

menghitung

A

písmeno

huruf

ABCDEFG HIJKLMN OPQRSTU VWXYZ

abeceda

alfabet

slovo

kata

text

teks

číst

membaca

křída

kapur

hodina

pelajaran

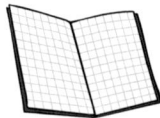

třídní kniha

daftar

zkouška

ujian

vysvědčení

sertifikat

školní uniforma

seragam sekolah

vzdělání

pendidikan

encyklopedie

ensiklopedi

univerzita

universitas

mikroskop

mikroskop

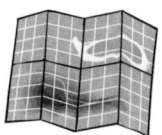

karta

peta

odpadkový koš na papír

tempat sampah

hotel
hotel

ubytovna
hostel

ROOMS

směnárna
kantor pertukaran mata uang

EXCHANGE

kufr
koper

auto
mobil

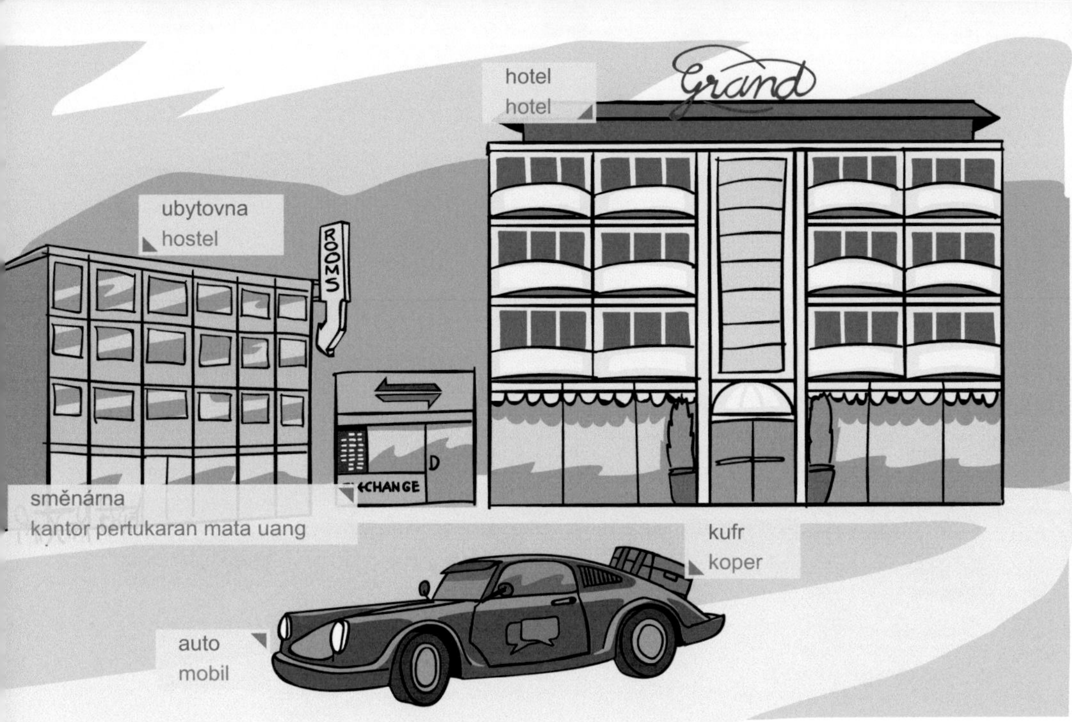

jazyk

bahasa

ano / ne

ya / tidak

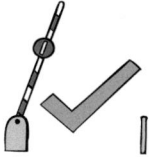

oukej

okay

Ahoj!

hallo

překladatel

penerjemah

děkuji

terima kasih

Kolik stojí...?

Berapa harganya…?

nerozumím

saya tidak mengerti

problém

masalah

Dobrý večer!

Selamat malam!

Dobré ráno!

Selamat siang!

Dobrou noc!

Selamat tidur!

na shledanou

sampai jumpa

směr

arah

zavazadlo

bagasi

taška

tas

batoh

ransel

host

tamu

pokoj

ruang

spací pytel

kantong tidur

stan

tenda

turistické informace

informasi wisata

pláž

pantai

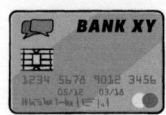

kreditní karta

kartu kredit

snídaně

sarapan

oběd

makan siang

večeře

makan malam

jízdenka

tiket

výtah

elevator

poštovní známka

perangko

hranice

perbatasan

clo

cukai

poselství

kedutaan

vízum

visa

pas

paspor

transport
transportasi

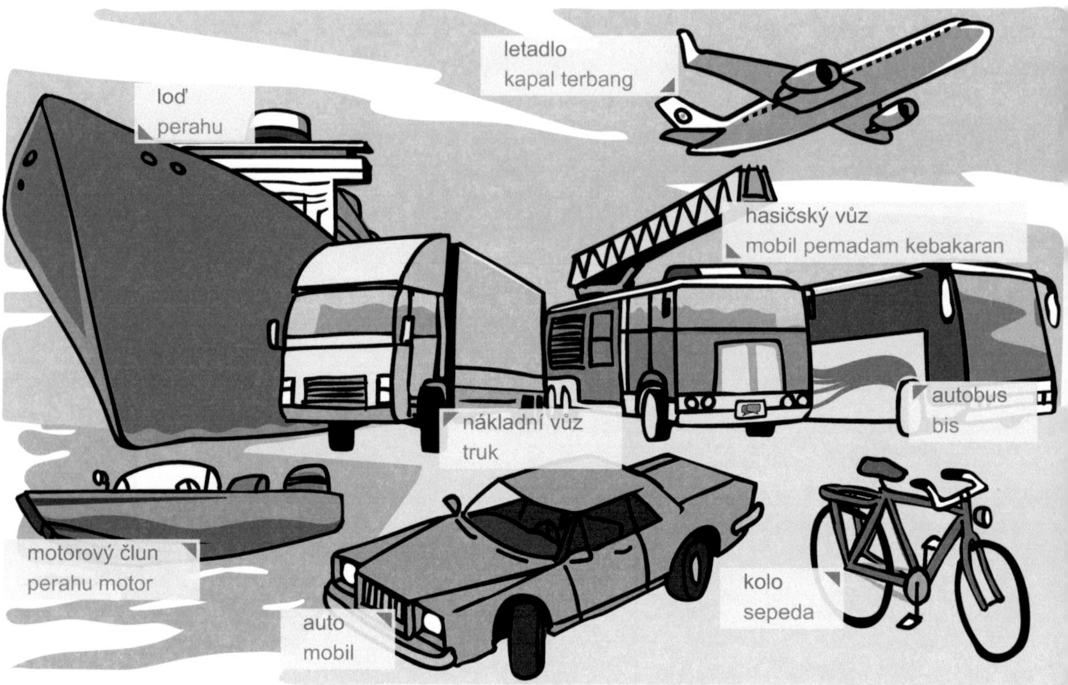
letadlo
kapal terbang
loď
perahu
hasičský vůz
mobil pemadam kebakaran
autobus
bis
nákladní vůz
truk
motorový člun
perahu motor
kolo
sepeda
auto
mobil

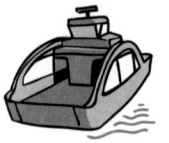

přívoz

feri

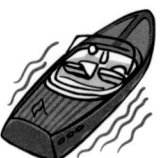

člun

perahu

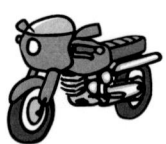

motorka

sepeda motor

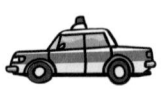

policejní auto

mobil polisi

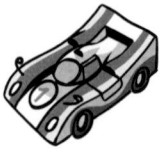

závodní auto

mobil balapan

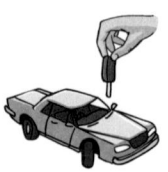

pronajaté auto

mobil sewa

sdílení aut

berbagi mobil

odtahová služba

truk derek

popelářský vůz

truk sampah

motor

motor

palivo

bahan bakar

čerpací stanice

bensin

dopravní značka

tanda lalulintas

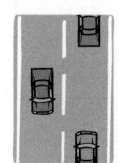

doprava

lalulintas

dopravní zácpa

macet

parkoviště

parkir mobil

vlakové nádraží

stasiun kereta

koleje

trek

vlak

kereta api

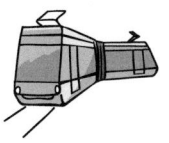

tramvaj

tram

vagón

gerobak

helikoptéra

helikopter

letiště

bendara

věž

menara

pasažér

penumpang

kontejner

container

kartón

karton

trakař

troli

koš

keranjang

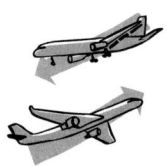

vzlétnout / přistát

berangkat / mendarat

město

kota

vesnice

desa

střed města

pusat kota

dům

rumah

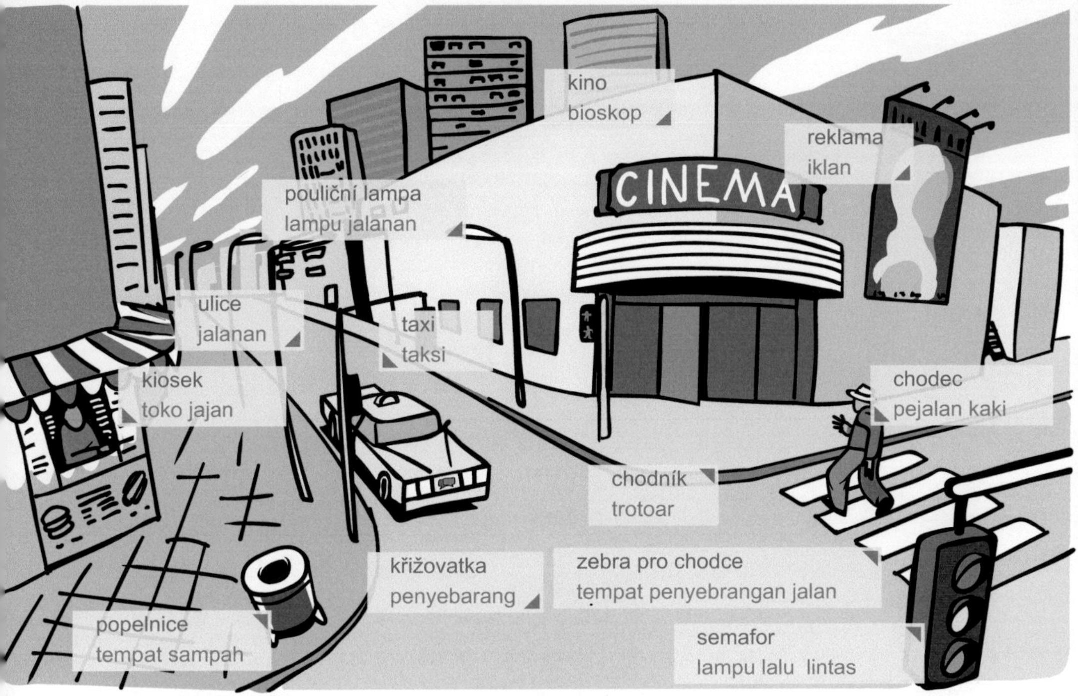

kino
bioskop

reklama
iklan

pouliční lampa
lampu jalanan

CINEMA

ulice
jalanan

taxi
taksi

kiosek
toko jajan

chodec
pejalan kaki

chodník
trotoar

křižovatka
penyebarang

zebra pro chodce
tempat penyebrangan jalan

popelnice
tempat sampah

semafor
lampu lalu lintas

chata
gubuk

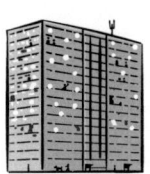

byt
rumah flat

vlakové nádraží
stasiun kereta

radnice
balai kota

muzeum
museum

škola
sekolah

univerzita

universitas

banka

bank

nemocnice

rumah sakit

hotel

hotel

lékárna

farmasi

kancelář

kantor

knihkupectví

toko buku

obchod

toko

květinářství

toko bunga

supermarket

supermarket

tržnice

pasar

obchodní dům

toko serba ada

rybárna

nelayan

nákupní centrum

pusat belanja

přístav

pelabuhan

park

taman

lavička

banku

most

jembatan

schody

tangga

metro

kereta bawah tanah

tunel

terowongan

autobusová zastávka

pemberhantian bis

bar

bar

restaurace

restauran

poštovní schránka

kotak surat

pouliční tabule

tanda jalan

parkovací hodiny

meteran parkir

zoo

kebun binatang

plovárna

kolam renang

mešita

mesjid

usedlost
pertanian

znečišťování životního prostředí
polusi

hřbitov
kuburan

církev
gereja

hřiště
tempat bermain

chrám
pura

krajina
pemandangan

list
daun

rozcestník
penunjuk arah

cesta
jalanan

louka
padang rumput

kámen
batu

turista
pejalak kaki

strom
pohon

řeka
sungai

tráva
rumput

květina
bunga

údolí

lembah

hora

bukit

jezero

danau

les

hutan

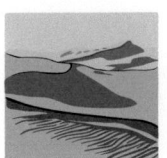

poušť

padang gurun

sopka

gunung berapi

zámek

istana

duha

pelangi

houba

jamur

palma

pohon palem

komár

nyamuk

moucha

lalat

mravenec

semut

včela

lebah

pavouk

laba-laba

brouk

kumbang

žába

kodok

veverka

tupai

ježek

landak

zajíc

kelinci

sova

burung hantu

pták

burung

labuť

angsa

divoké prase

babi jantan

jelen

rusa

los

rusa

přehrada

bendungan

větrné kolo

turbin angin

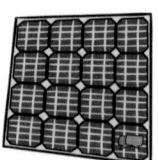

solární panel

panel surya

podnebí

iklim

restaurace

restauran

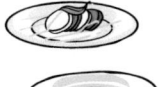

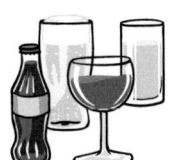

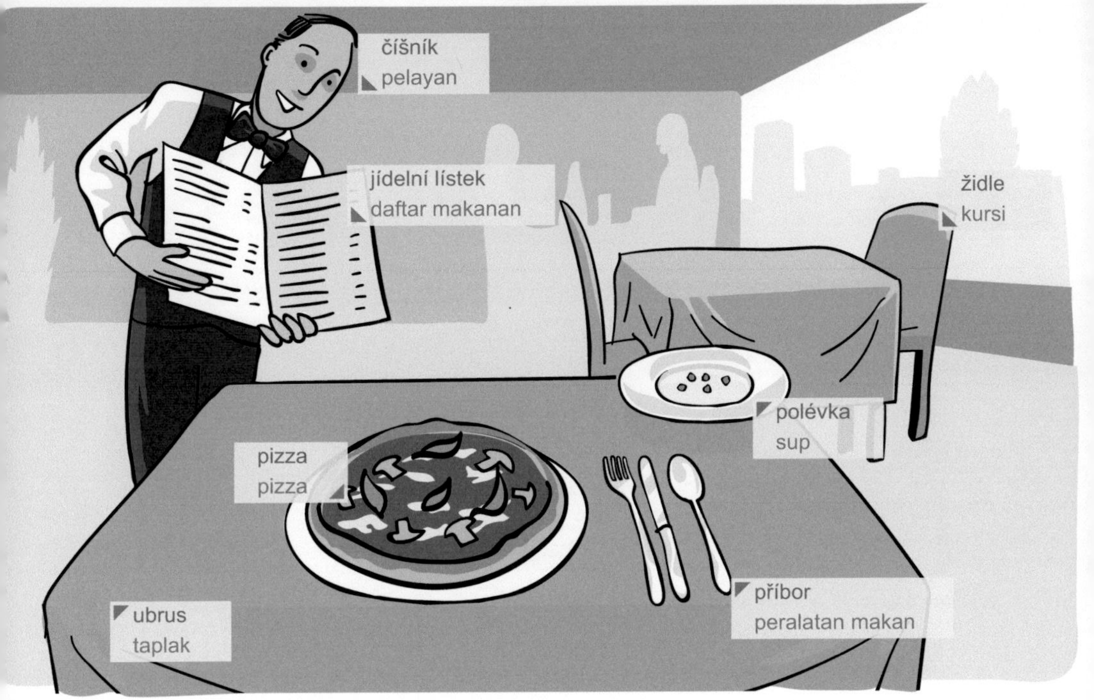
číšník
pelayan
jídelní lístek
daftar makanan
židle
kursi
polévka
sup
pizza
pizza
příbor
peralatan makan
ubrus
taplak

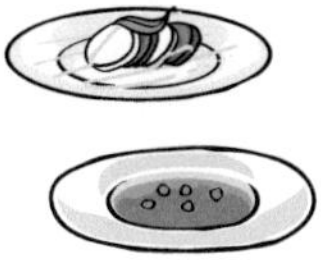

předkrm

hindangan pembuka

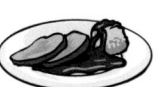

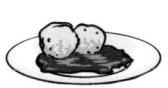

hlavní chod

hidangan utama

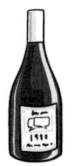

dezert

hidangan penutup

nápoje

minuman

jídlo

makanan

láhev

botol

rychlé občerstvení

fastfood

pouliční občerstvení

masakan jalanan

čajová konvice

teko teh

cukřenka

kaleng gula

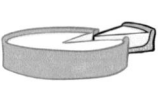

porce

porsi

kávovar na espresso

mesin espresso

dětská stolička

kursi tinggi

faktura

tagihan

tác

baki

nůž

pisau

vidlička

garpu

lžíce

sendok

čajová lyžička

sendok teh

ubrousek

serbet

sklenička

gelas

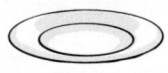

talíř

piring

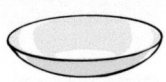

talíř na polévku

piring sup

podšálek

lepek

omáčka

saus

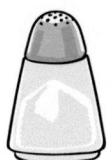

slánka

tempat garam

mlýnek na pepř

gilingan merica

ocet

cuka

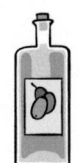

olej

minyak

koření

bumbu

kečup

saus tomat

hořčice

mustar

majonéza

mayones

supermarket
supermarket

nabídka
penawaran khusus
FOR
zákazník
klien
mléčné výrobky
produk susu
ovoce
buah
nákupní vozík
troli

BUTCHERS

masna

pembantai

BAKERY

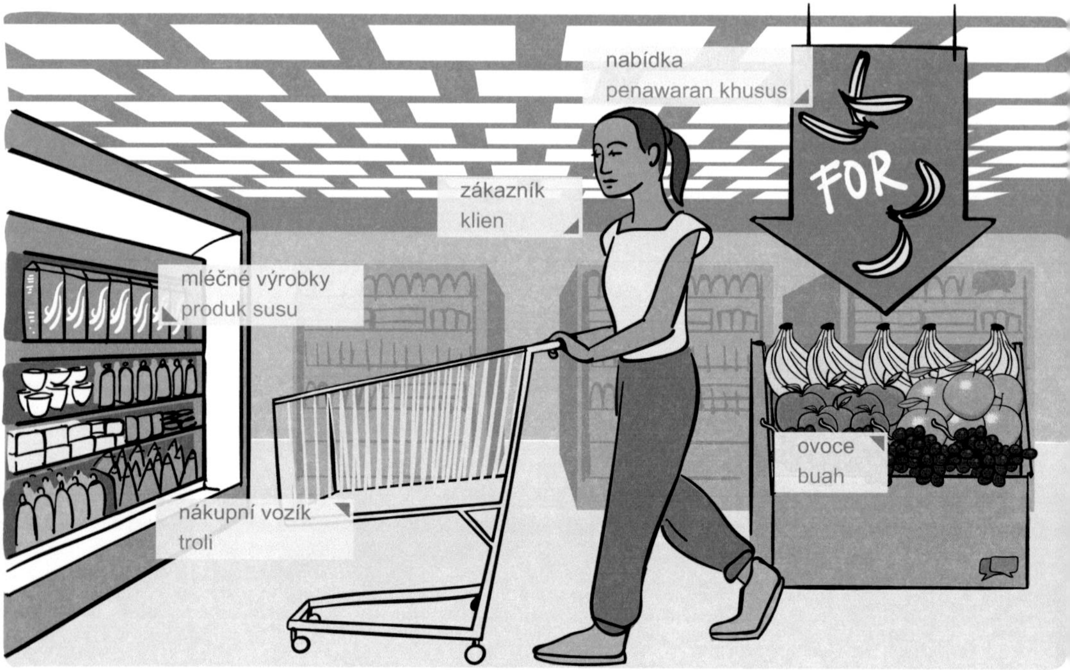

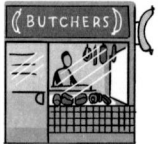

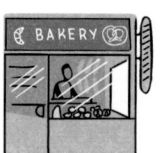

pekařství

toko roti

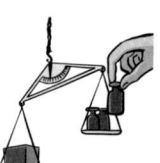

vážit

menimbang

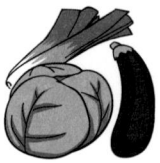

zelenina

sayur

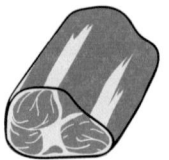

maso

daging

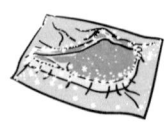

mražené potraviny

makanan beku

obložený talíř

pemotongan dingin

konzervy

makanan kaleng

prací prášek

sabun serbuk

cukrovinky

permen

výrobky pro domácnost

alat-alat rumah tangga

čisticí prostředek

obat pembersihan

prodavačka

penjual

pokladna

kasa

pokladní

kasir

nákupní seznam

daftar belanja

otevírací doba

jam buka

peněženka

dompet

kreditní karta

kartu kredit

taška

tas

igelitová taška

kantong plastik

voda

air

džus

jus

mléko

susu

kola

cola

víno

anggur

pivo

bir

alkohol

alkohol

kakao

coklat

čaj

teh

káva

kopi

espresso

espresso

kapučíno

cappucino

banán

pisang

jablko

apel

pomeranč

jeruk

meloun

semangka

citrón

jeruk lemon

mrkev

wortel

česnek

bawang putih

bambus

bambu

cibule

bawang bombai

houba

jamur

ořechy

kacang

těstoviny

mi

špageti

spagetti

rýže

nasi

salát

salat

hranolky

kentang goreng

americké brambory

kentang goreng

pizza

pizza

hamburger

hamburger

sendvič

sandwich

řízek

sayatan

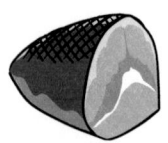

šunka

ham

salám

salami

salám

sosis

kuře

ayam

pečeně

menggoreng

ryby

ikan

ovesné vločky

bubur gandum

müsli

sereal

vločky

cornflakes

mouka

tepung

croissant

croissant

houska

roti

chléb

roti

toast

toast

sušenky

biskuit

máslo

mentega

tvaroh

dadih

buchta

kue

vejce

telur

volské oko

telur goreng

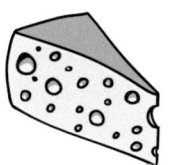

sýr

keju

zmrzlina

eskrim

cukr

gula

med

madu

marmeláda

selai

nugátový krém

krim nugat

kari

kare

usedlost
pertanian

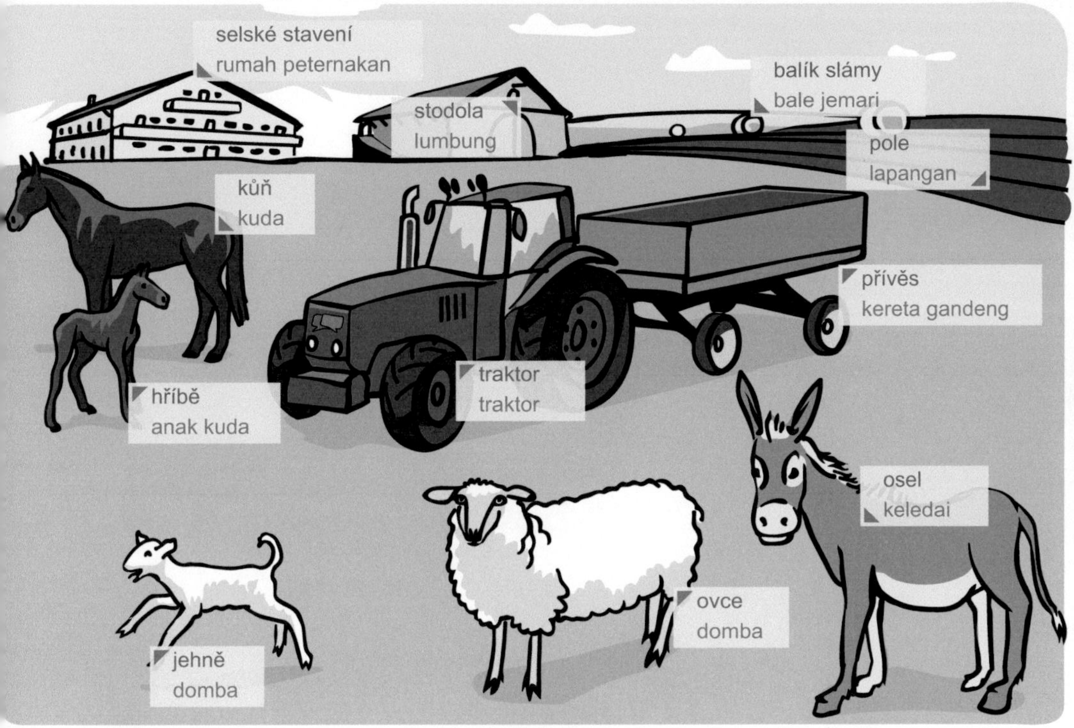

selské stavení
rumah peternakan
stodola
lumbung
balík slámy
bale jemari
pole
lapangan
kůň
kuda
přívěs
kereta gandeng
traktor
traktor
hříbě
anak kuda
osel
keledai
ovce
domba
jehně
domba

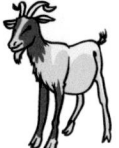

koza
kambing

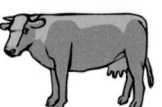

kráva
sapi

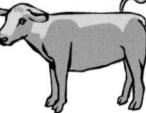

tele
betis

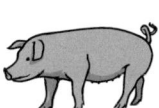

prase
babi

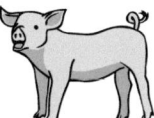

sele
celeng

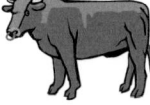

býk
banteng

husa

angsa

kachna

bebek

kuře

anak ayam

slepice

ayam

kohout

ayam jantan

krysa

tikus

kočka

kucing

myš

tikus

vůl

lembu

pes

anjing

psí bouda

rumah anjing

zahradní hadice

selang

kropicí konev

penyiram

kosa

sabit

pluh

bajak

srp

sabit

motyka

cangkul

vidle

garpu rumput

sekera

kapak

kolecko

gerobak

koryto

palung

konev na mléko

kaleng susu

pytel

karung

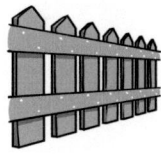

plot

pagar

stáj

kandang

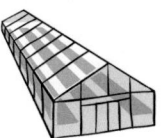

skleník

rumah kaca

půda

tanah

osivo

benih

hnojivo

pupuk

kombajn

mesin pemanen

sklidit

panen

sklizeň

panen

smldinec

yams

pšenice

gandum

sója

kedelai

brambora

kentang

kukuřice

jagung

řepka

lobak

ovocný strom

pohon buah

maniok

singkong

obilí

sereal

dům
rumah

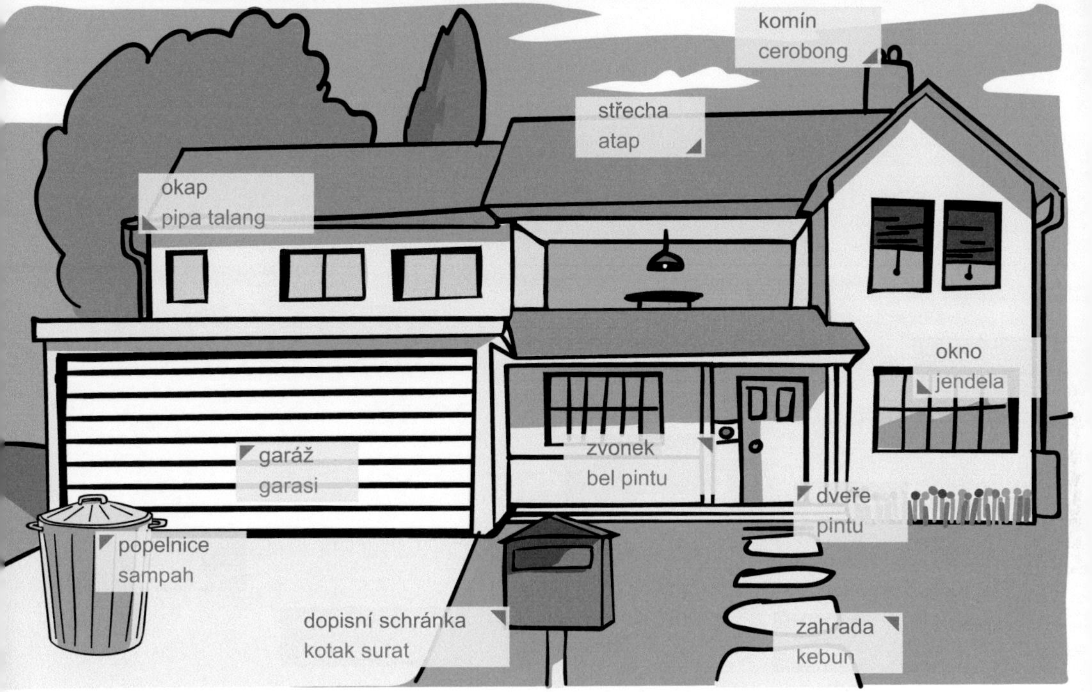
komín
cerobong
střecha
atap
okap
pipa talang
okno
jendela
garáž
garasi
zvonek
bel pintu
dveře
pintu
popelnice
sampah
dopisní schránka
kotak surat
zahrada
kebun

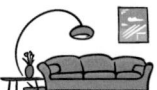

obývací pokoj

ruang tamu

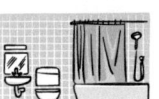

koupelna

kamar mandi

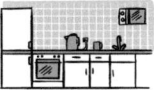

kuchyně

dapur

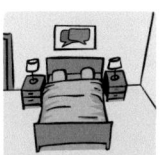

ložnice

kamar tidur

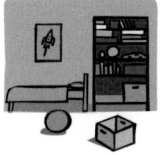

dětský pokoj

kamar anak

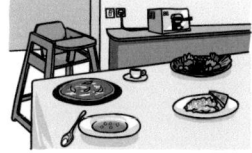

jídelna

kamar makan

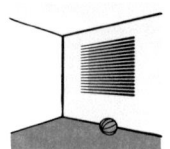

podlaha

lantai

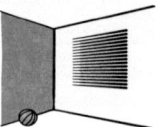

zeď

tembok

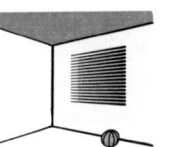

deka

atap

sklep

gudang di bawah tanah

sauna

sauna

balkón

balkon

terasa

teras

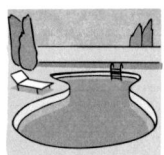

bazén

kolam renang

sekačka na trávu

mesin pemotong rumput

ložní prádlo

sprei

lůžková přikrývka

selimut

postel

tempat tidur

smeták

sapu

kýbl

ember

vypínač

tombol

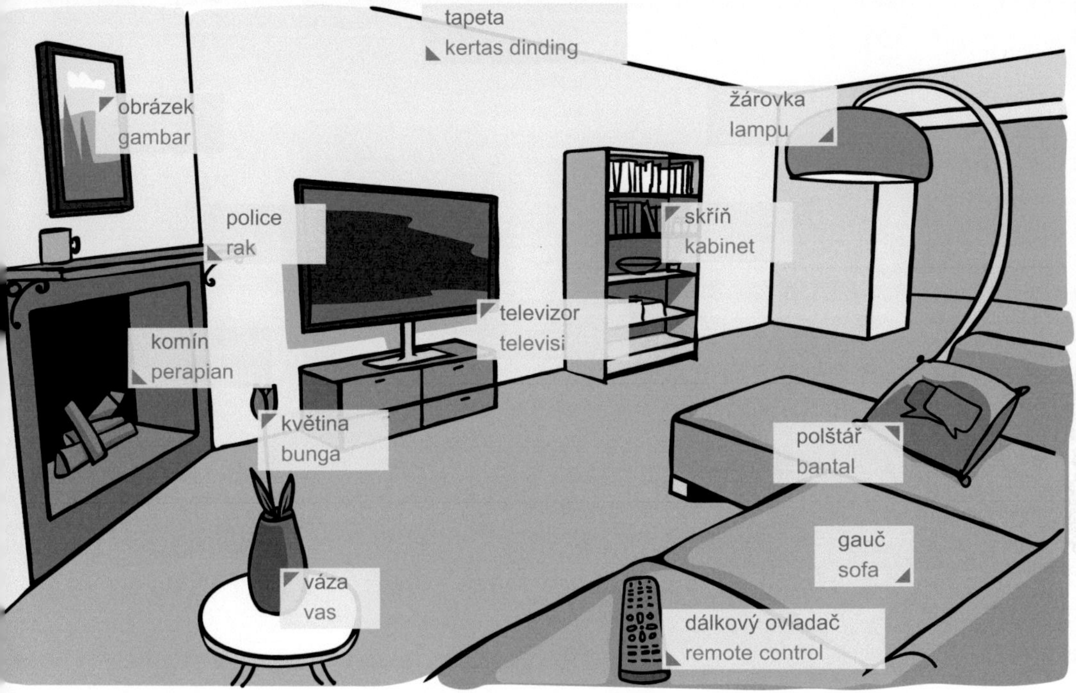

tapeta
kertas dinding

obrázek
gambar

žárovka
lampu

police
rak

skříň
kabinet

televizor
televisi

komín
perapian

květina
bunga

polštář
bantal

gauč
sofa

váza
vas

dálkový ovladač
remote control

koberec

karpet

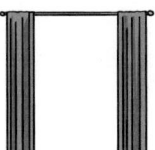

závěs

korden

stůl

meja

židle

kursi

houpací křeslo

kursi goyang

křeslo

kursi malas

kniha

buku

strop

selimut

ozdoba

dekorasi

palivové dříví

kayu bakar

film

filem

stereo souprava

hi-fi

klíč

kunci

noviny

koran

malba

lukisan

plakát

poster

rádio

radio

poznámkový blok

buku tulis

vysavač

penyedot debu

kaktus

kaktus

svíce

lilin

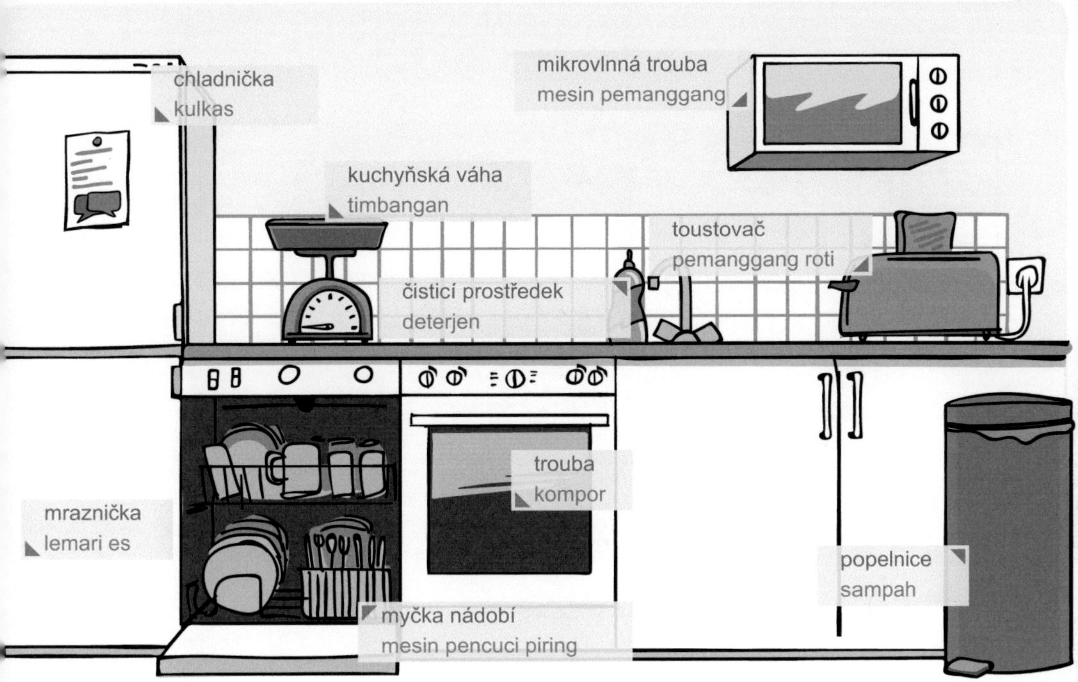

mikrovlnná trouba
mesin pemanggang

chladnička
kulkas

kuchyňská váha
timbangan

toustovač
pemanggang roti

čisticí prostředek
deterjen

trouba
kompor

mraznička
lemari es

popelnice
sampah

myčka nádobí
mesin pencuci piring

sporák

kompor

hrnec

panci

litinový hrnec

panci besi

wok / kadai

wajan

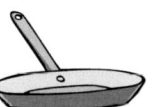

pánev

panci

varná konvice

pemanas air

parní hrnec

panci pengukus makanan

plech na pečení

nampan

nádobí

piring

hrnek

cangkir

miska

mangkok

jídelní hůlky

sumpit

naběračka

sendok sup

obracečka

sudip

metla

mengocok

síto

saringan

cedník

saringan

struhadlo

parutan

hmoždíř

mortir

gril

barbeque

ohniště

api terbuka

prkénko na krájení

papan memotong

váleček na těsto

gilingan

vývrtka

alat pembuka botol

dóza

kaleng

otvírák na konzervy

pembuka kaleng

chňapka

pegangan panci

umyvadlo

wastafel

kartáč na nádobí

sikat

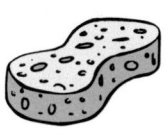

houba

busa

mixér

mesin pencampur

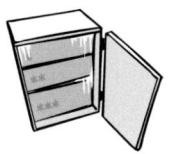

mrazák

lemari es

dětská lahev

botol bayi

kohoutek

keran

koupelna
kamar mandi

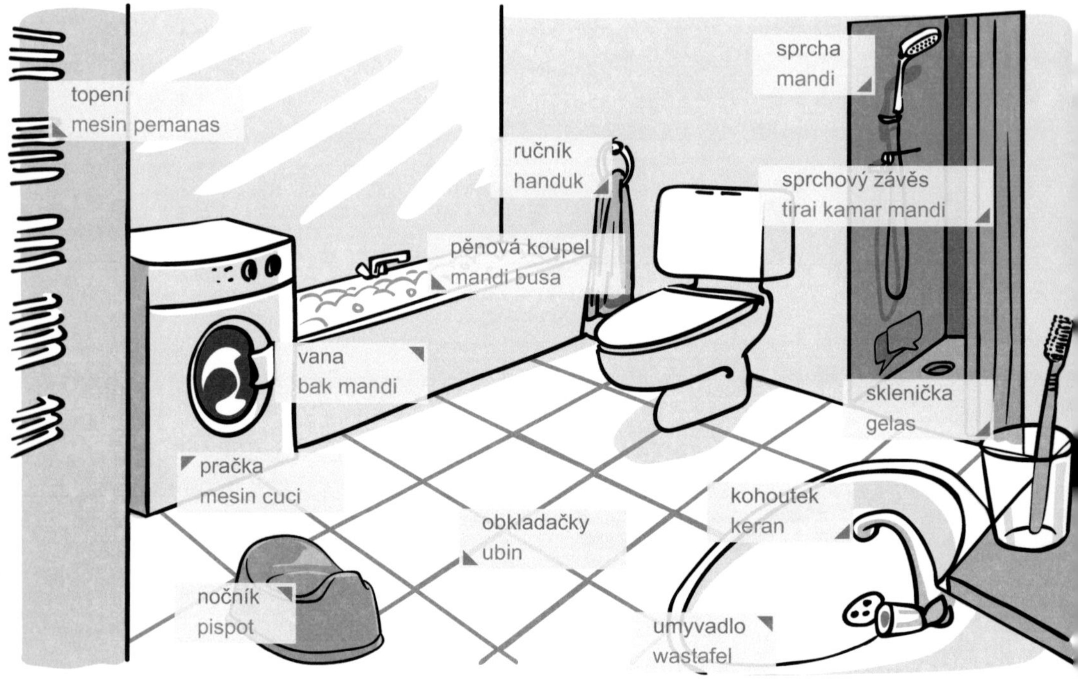

topení
mesin pemanas

sprcha
mandi

ručník
handuk

sprchový závěs
tirai kamar mandi

pěnová koupel
mandi busa

vana
bak mandi

sklenička
gelas

pračka
mesin cuci

obkladačky
ubin

kohoutek
keran

nočník
pispot

umyvadlo
wastafel

záchod

toilet

turecký záchod

toilet jongkok

bidet

bidet

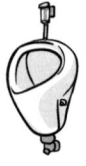

pisoár

pissoir

toaletní papír

kertas toilet

záchodová štětka

sikat toilet

zubní kartáček

sikat gigi

zubní pasta

pasta gigi

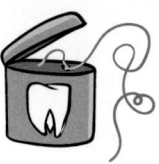

zubní niť

benang gigi

mýt

menyuci

ruční sprcha

pancuran tangan

intimní sprcha

pancuran

umyvadlo

bak

kartáč na záda

sikat punggung

mýdlo

sabun

sprchový gel

gel mandi

šampón

sampo

žínka

planel

odpad

kuras

krém

krim

deodorant

deodoran

zrcadlo

kaca

kosmetické zrcátko

cermin tangan

holicí strojek

pisau cukur

pěna na holení

busa cukur

voda po holení

aftershave

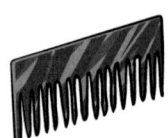

hřeben

sisir

kartáč

sikat

fén

alat pengering rambut

lak na vlasy

semprot rambut

makeup

makeup

rtěnka

lipstik

lak na nehty

cat kuku

vata

kapas

nůžky na nehty

gunting kuku

parfém

minyak wangi

taška s toaletními potřebami

kantong pencuci

stolička

bangku

váha

timbangan

župan

mantel mandi

gumové rukavice

sarung tangan karet

tampón

tampon

dámská vložka

handuk pembalut

chemická toaleta

toilet kimia

dětský pokoj
kamar anak

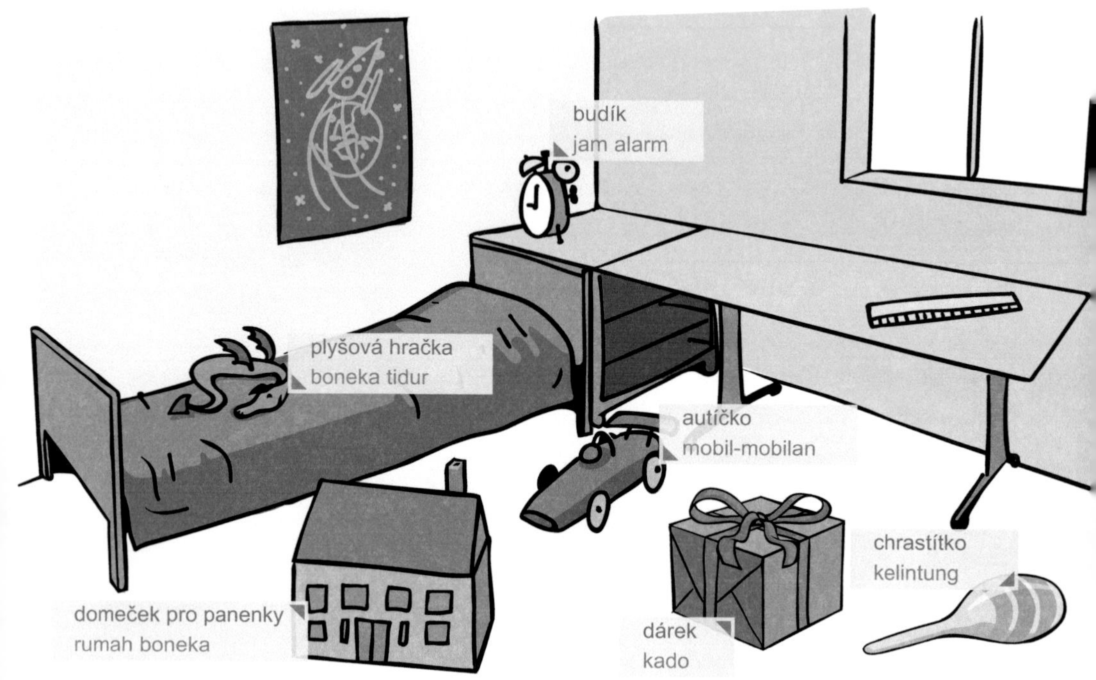
budík
jam alarm
plyšová hračka
boneka tidur
autíčko
mobil-mobilan
chrastítko
kelintung
domeček pro panenky
rumah boneka
dárek
kado

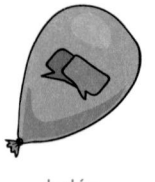

balón

balon

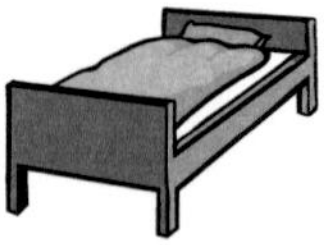

postel

tempat tidur

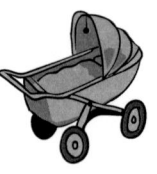

kočárek

kereta bayi

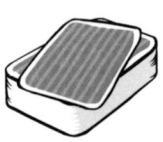

balíček karet

mainan kartu

puzzle

teka-teki

SUPER
MEGA

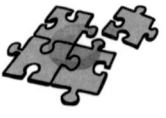

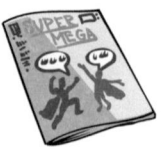

komiks

komik

lego kostky

mainan lego

stavebnice

blok mainan

akční figurka

figur aksi

dupačky

baju monyet

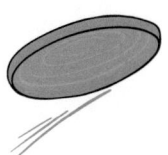

frisbee

frisbee

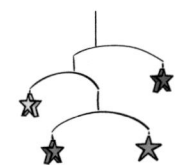

závěsné hračky nad postýlku

mobile

desková hra

permainan papan

kostky

dadu

modelová železnice

set model kreta api

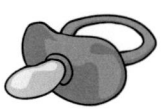

dudlík

dot

oslava

pesta

obrázková kniha

buku gambar

míč

bola

panenka

boneka

hrát si

bermain

pískoviště

tempat main pasir

houpačka

ayunan

hračky

mainan

hrací konzole

video game konsol

tříkolka

sepeda roda tiga

medvídek

teddy

šatník

lemari pakaian

oblečení

pakaian

ponožky

kaos kaki

punčochy

kaos kaki

punčochové kalhoty

baju ketat

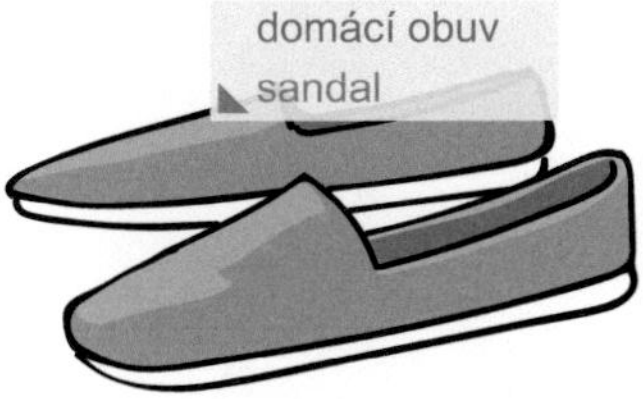

šála
syal

deštník
payung

tričko
kaos

pásek
sabuk

kozačky
sepatu bot

domácí obuv
sandal

tenisky
sepatu

sandály
sandal

obuv
sepatu

holínky
sepatu bot karet

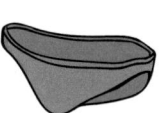

spodní prádlo
celana dalam

podprsenka
BH

nátělník
baju rompi

body

body

kalhoty

celana

džíny

jeans

sukně

rok

blůza

blus

košile

kemeja

svetr

aket berkerudung

mikina

sweater

blejzr

jaket

bunda

jaket

kabát

mantel

pláštěnka

jas hujan

kostým

kostum

šaty

gaun

svatební šaty

gaun pengantin

oblek

setelan resmi

noční košile

gaun tidur

pyžamo

piyama

sárí

sari

šátek na hlavu

jilbab

turban

turban

burka

burka

kaftan

kaftan

abája

abaya

plavky

pakaian renang

pánské plavky

celana renang

kraťasy

celana pendek

teplåková souprava

olah raga

zástěra

celemek

rukavice

sarung tangan

knoflík

kancing

brýle

kacamata

náramek

gelang

náhrdelník

kalung

prsten

cincin

náušnice

anting

čepice

topi

ramínko

gantungan mantel

klobouk

topi

kravata

dasi

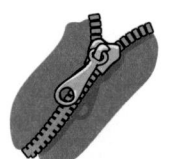

zip

ritsleting

helma

helm

kšandy

tali selempang

školní uniforma

seragam sekolah

uniforma

seragam

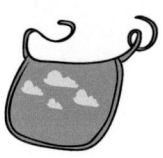

bryndák

oto

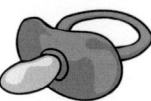

dudlík

dot

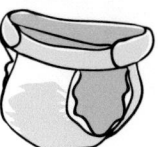

plena

popok

kancelář

kantor

server
server
kartotéka
lemari arsip
tiskárna
pencetak
papír
kertas
monitor
layar
myš
mouse komputer
psací stůl
meja kerja
šanon
tempat pengarsipan
klávesnice
papan tombol
odpadkový koš na papír
tempat sampah
počítač
computer
židle
kursi

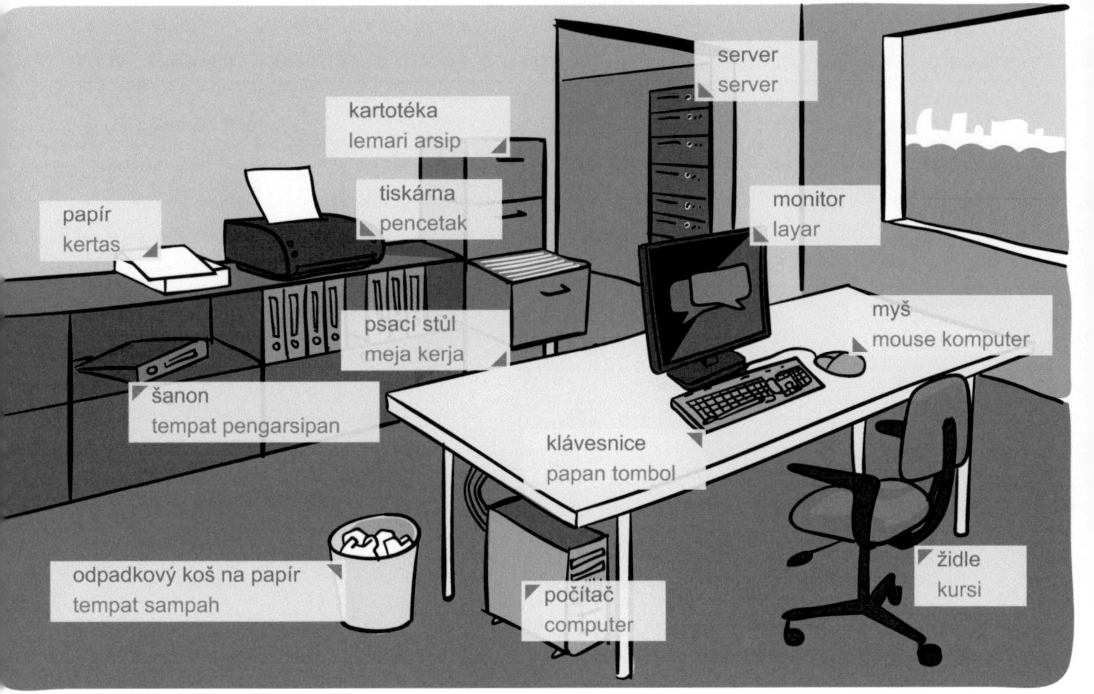

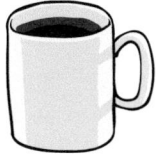

hrnek na kávu

cangkir kopi

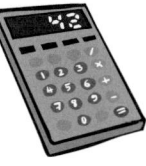

kalkulačka

kalkulator

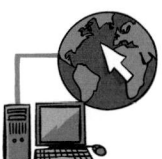

internet

internet

notebook

laptop

dopis

surat

zpráva

pesan

mobil

telepon seluler

síť

jaringan

kopírka

fotokopi

software

software

telefon

telepon

zásuvka

plug soket

fax

mesin fax

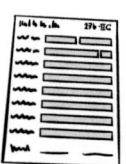

formulář

formulir

dokument

dokumen

nakupovat
membeli

zaplatit
membayar

jednat
berdagang

peníze
uang

dolar
Dollar

euro
Euro

jen
Yen

rubl
Rubel

frank
Franc Swiss

juan
Renminbi Yuan

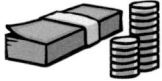

rupie
Rupiah

bankomat
ATM

směnárna

kantor pertukaran mata uang

zlato

emas

stříbro

perak

olej

minyak

energie

energi

cena

harga

smlouva

kontrak

daň

pajak

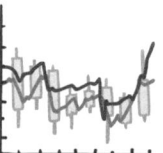

akcie

saham

pracovat

bekerja

zaměstnanec

karyawan

zaměstnavatel

majikan

továrna

pabrik

obchod

toko

povolání

pekerjaan

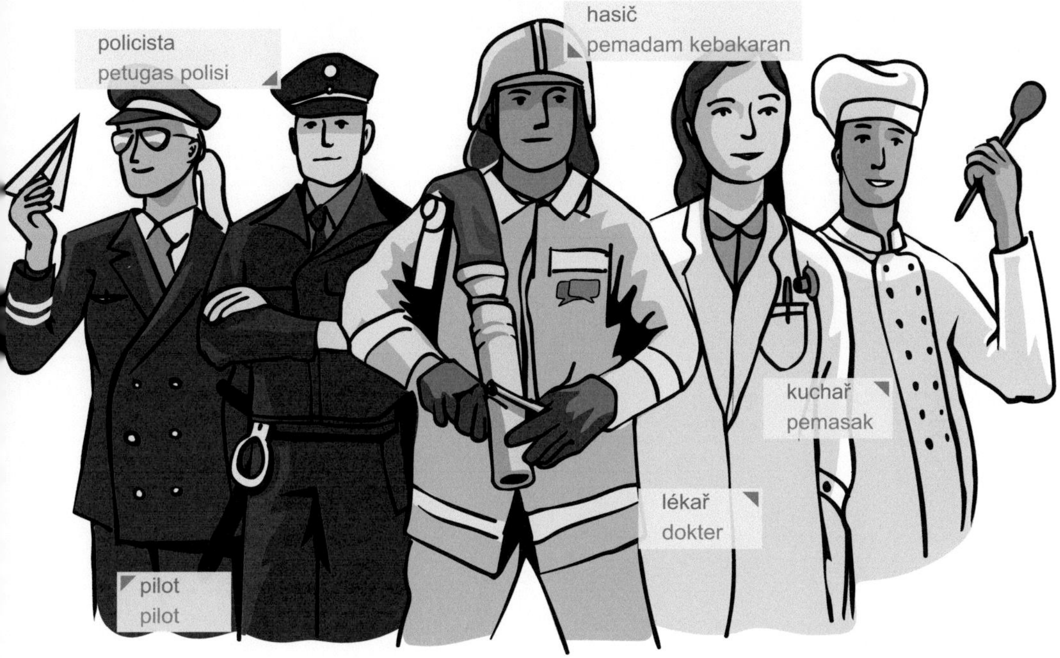
policista
petugas polisi
hasič
pemadam kebakaran
kuchař
pemasak
lékař
dokter
pilot
pilot

zahradník

tukan kebun

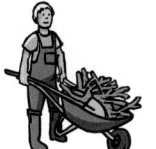

truhlář

tukang kayu

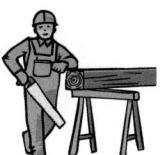

švadlena

penjahit wanita

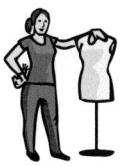

soudce

hakim

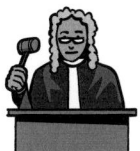

chemik

ahli kimia

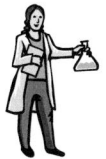

herec

aktor

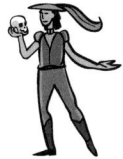

řidič autobusu

sopir bis

řidič taxi

sopir taksi

rybář

nelayan

uklízečka

pembantu

pokrývač

tukang atap

číšník

pelayan

myslivec

pemburu

malíř

pelukis

pekař

tukang roti

elektrikář

tukang listrik

stavební dělník

pembangun

inženýr

insinyur

řezník

tukang daging

klempíř

tukang ledeng

listonoš

tukang pos

voják

tentara

architekt

arsitek

pokladní

kasir

florista

penjual bunga

kadeřník

penata rambut

průvodčí

konduktor

mechanik

montir

kapitán

kapten

zubař

dokter gigi

vědec

ilmuwan

rabín

rabbi

imám

imam

mnich

biarawan

duchovní

pendeta

nářadí
alat

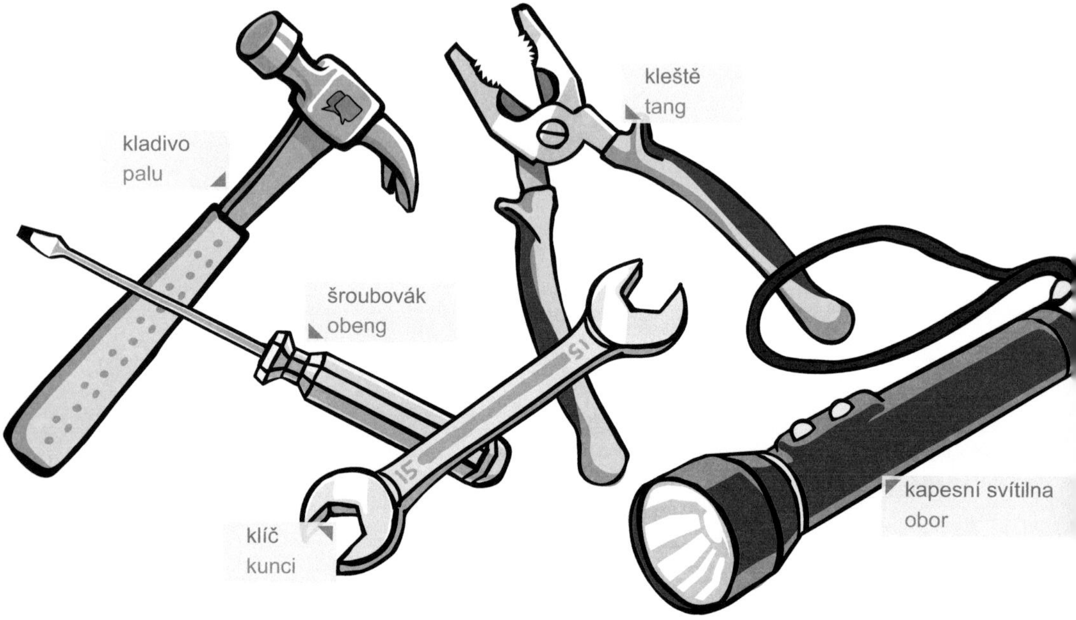

kladivo
palu
kleště
tang
šroubovák
obeng
klíč
kunci
kapesní svítilna
obor

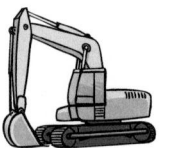

bagr

penggali

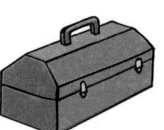

skříň na nářadí

tas perkakas

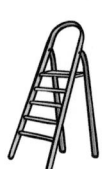

žebřík

tangga

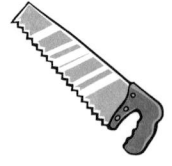

pila

gergaji

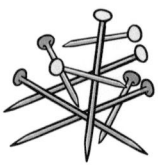

hřebíky

paku

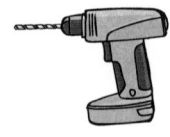

vrtačka

bor

opravit

perbaikan

lopata

sekop

Kurva!

Sialan!

lopatka

cikrak

vědroé na barvu

pot cat

šrouby

sekrup

hudební nástroje
alat musik

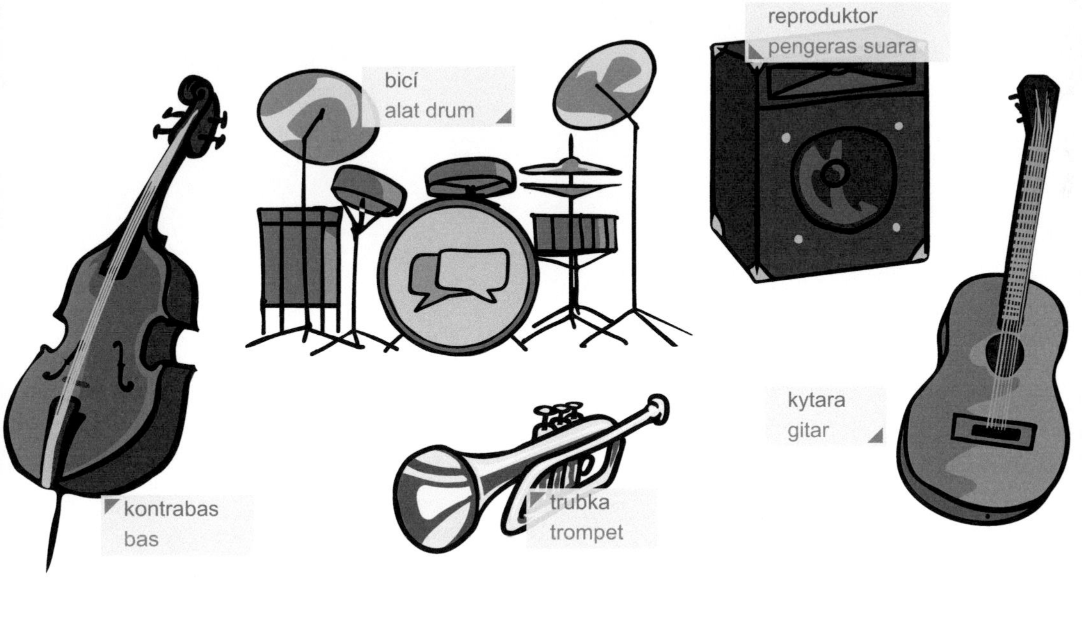

reproduktor
pengeras suara

bicí
alat drum

kytara
gitar

kontrabas
bas

trubka
trompet

klavír

piano

housle

violin

basa

bass

tympán

tambur

bubny

drum

keyboard

keyboard

saxofon

saksofon

flétna

suling

mikrofon

mikrofon

ZOO

kebun binatang

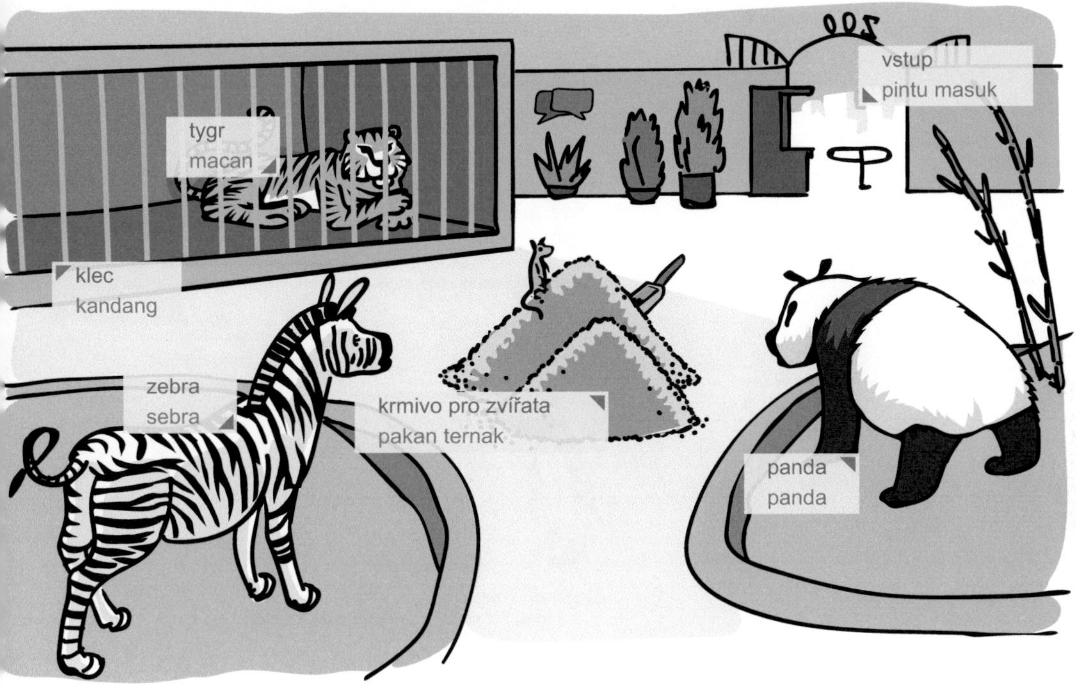
vstup
pintu masuk
tygr
macan
klec
kandang
zebra
sebra
krmivo pro zvířata
pakan ternak
panda
panda

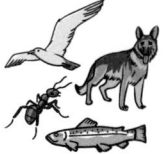

zvířata

hewan

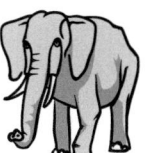

slon

gajah

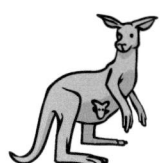

klokan

kanguru

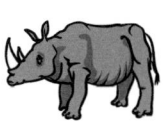

nosorožec

badak

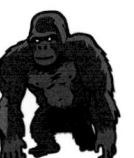

gorila

gorila

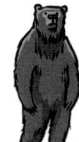

medvěd

beruang

velbloud

unta

pštros

burung unta

lev

singa

opice

monyet

plameňák

flamingo

papoušek

burung beo

lední medvěd

beruang polar

tučňák

penguin

žralok

hiu

páv

merak

had

ular

krokodýl

buaya

ošetřovatel zvířat

penjaga kebun binatang

tuleň

segel

jaguár

jaguar

poník

kuda poni

leopard

macan tutul

hroch

kuda nil

žirafa

jerapah

orel

burung elang

divoké prase

babi jantan

ryby

ikan

želva

kura-kura

mrož

anjing laut

liška

rubah

gazela

kijang

americký fotbal
american football

cyklistika
naik sepeda

tenis
tennis

košíková
basketbal

plavání
bernang

lední hokej
hoki es

box
tinju

kopaná

sepak bola

badminton

badminton

lehká atletika

atletik

házená

bola tangan

běh na lyžích

main ski

vodní pólo

polo

aktivity
aktivitas

skočit
meloncat
objímat
memeluk
smát se
ketawa
jít
berjalan
zpívat
menyanyi
snít
mengimpi
modlit se
berdoa
políbit
mencium

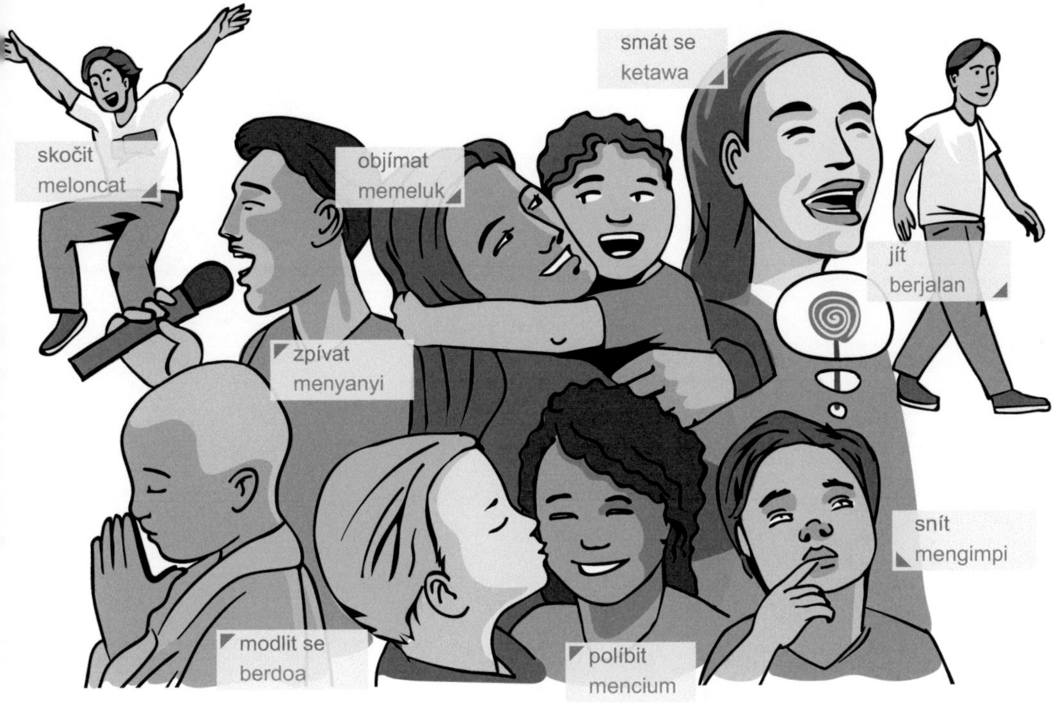

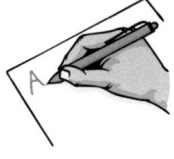

psát
menulis

kreslit
melukis

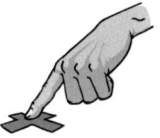

ukazovat
menunjuk

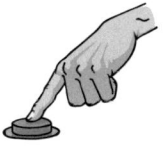

tlačit
mendorong

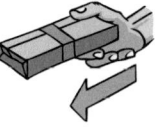

dát
memberikan

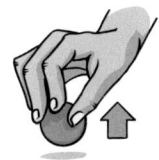

vzít si
mengambil

mít

mempunyai

dělat

melakukan

být

adalah

stát

berdiri

běhat

berlari

táhnout

menarik

hodit

melempar

padat

jatuh

ležet

tidur

čekat

menunggu

nosit

membawa

sedět

duduk

oblékat

berpakaian

spát

tidur

vzbudit se

bangun

prohlédnout si

melihat

plakat

menangis

pohladit

mengelus

česat

menyisir

hovořit

berbicara

rozumět

mengerti

ptát se

menanyak

slyšet

mendengar

pít

minum

jíst

makan

uklidit

merapikan

milovat

cinta

vařit

memasak

jet

menyetir

letět

terbang

plachtit

berlayar

počítat

menghitung

číst

membaca

učit se

belajar

pracovat

bekerja

vzít si

menikah

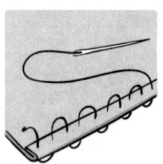

šít

menjahit

čistit si zuby

sikat gigi

zabít

membunuh

kouřit

merokok

poslat

kirim

babička
nenek

dědeček
kakek

otec
bapak

matka
ibu

dítě
bayi

dcera
putri

syn
putra

host

tamu

teta

bibi

strýc

paman

bratr

kakak laki

sestra

kakak perempuan

tělo

badan

čelo
dahi
oko
mata
rameno
bahu
prst
jari
obličej
muka
brada
dagu
ruka
tangan
dolní končetina
kaki
hruď
payudara
paže
lengan

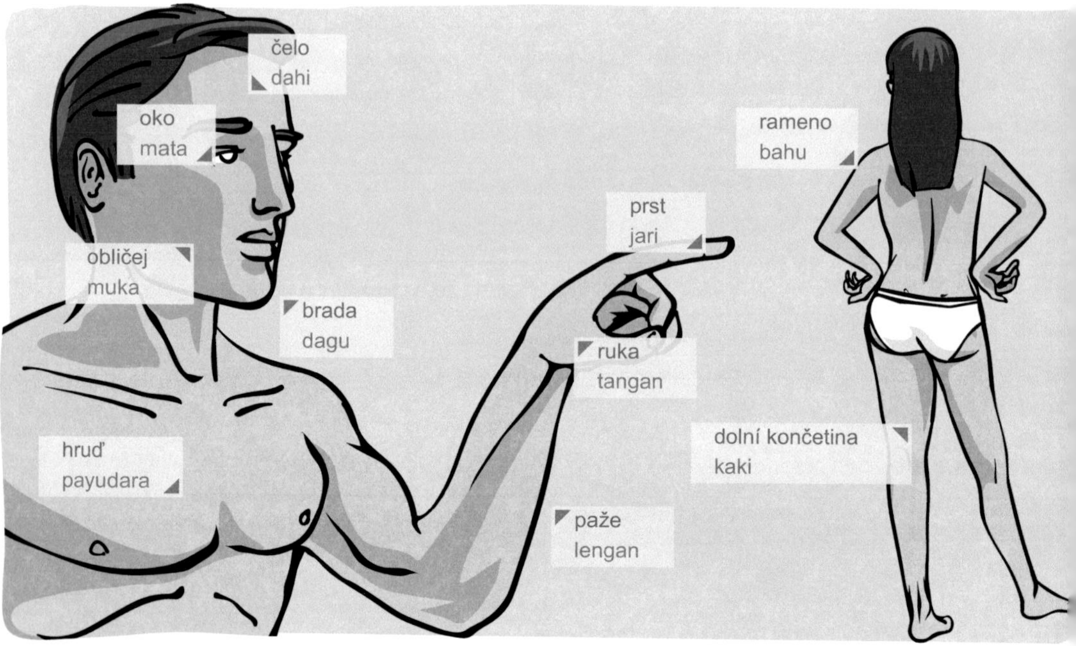

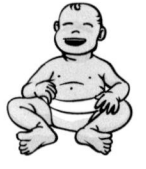

dítě

bayi

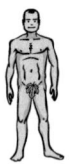

muž

pria

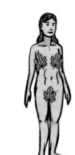

žena

wanita

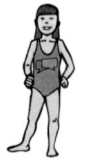

dívka

perempuan

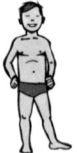

chlapec

laki

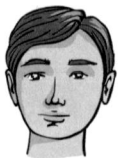

hlava

kepala

záda

punggung

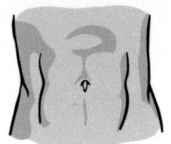

břicho

perut

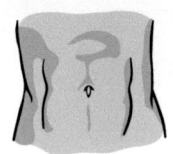

pupík

pusar

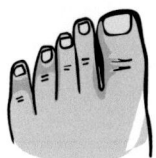

prst na noze

toe

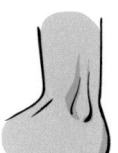

pata

tumit

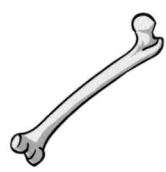

kost

tulang

bok

pinggang

koleno

lutut

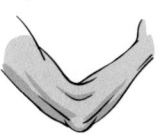

loket

siku

nos

hidung

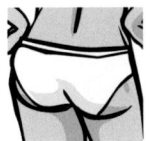

zadek

pantat

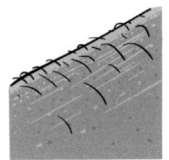

kůže

kulit

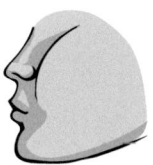

tvář

pipi

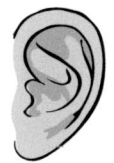

ucho

telinga

ret

bibir

úsa
mulut

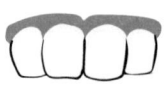

zub
gigi

jazyk
lidah

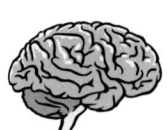

mozek
otak

srdce
jantung

sval
otot

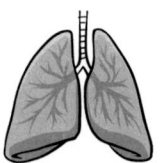

plíce
paru-paru

játra
hati

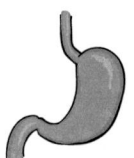

žaludek
stomach

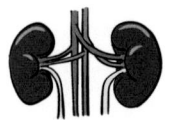

ledviny
ginjal

pohlavní styk
hubungan seks

kondom
kondom

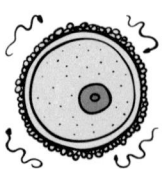

vajíčko
sel telur

sperma
sperma

těhotenství
kehamilan

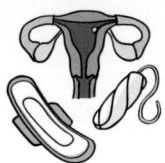

menstruace

menstruasi

vagina

vagina

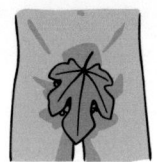

penis

penis

obočí

alis

vlasy

rambut

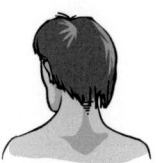

krk

leher

nemocnice
rumah sakit

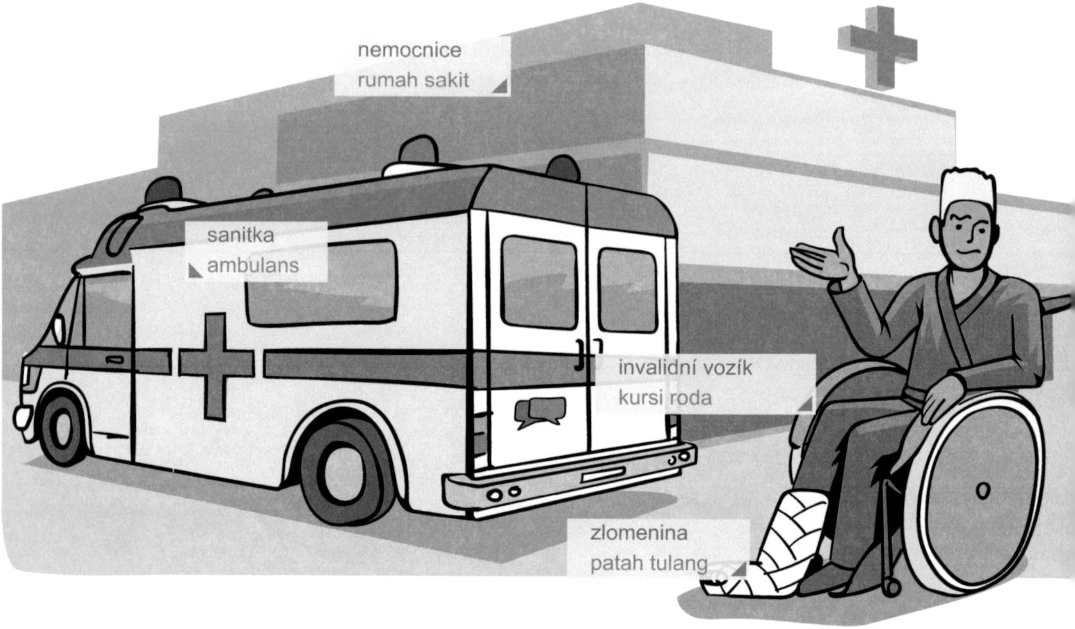

nemocnice
rumah sakit
sanitka
ambulans
invalidní vozík
kursi roda
zlomenina
patah tulang

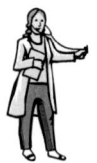

lékař
dokter

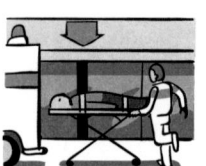

pohotovost
ruang darurat

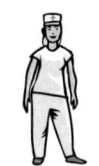

zdravotní sestra
perawat

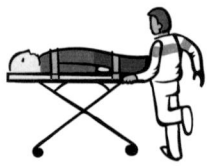

urgentní případ
darurat

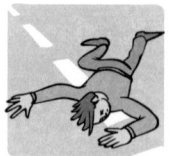

v bezvědomí
semaput

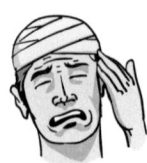

bolest
sakit

úraz

cedera

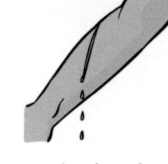

krvácení

perdarahan

infarkt myokardu

serangan jantung

cévní mozková příhoda

stroke

alergie

alergi

kašel

batuk

horečka

demam

chřipka

flu

průjem

diare

bolest hlavy

sakit kepala

rakovina

kanker

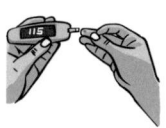

cukrovka

diabetes

chirurg

ahli bedah

skalpel

pisau bedah

operace

operasi

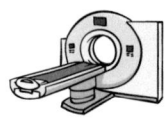

CT

CT

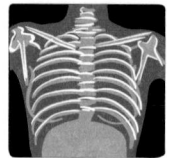

rentgen

sinar x

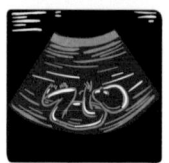

ultrazvuk

usg

maska

topeng

nemoc

penyakit

čekárna

ruang tunggu

berle

penyokong

náplast

plester

obvaz

perban

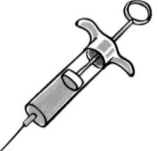

injekce

injeksi

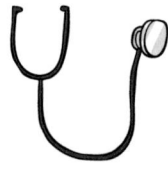

stetoskop

stetoskop

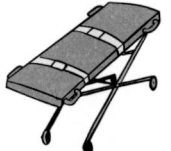

nosítka

usungan

teploměr

termometer klinis

porod

kelahiran

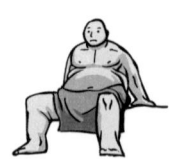

nadváha

kelebihan berat badan

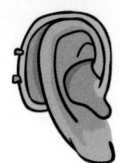

naslouchátko

alat pendengar

dezinfekční prostředek

desinfektan

infekce

infeksi

virus

virus

HIV / AIDS

HIV / AIDS

lékařství

obat

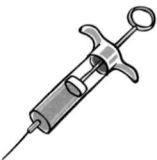

očkování

vaksinasi

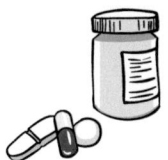

tablety

tablet

pilulka

pil

tísňové volání

panggilan darurat

tonometr

ukur tekanan darah

nemocný / zdravý

sakit / sehat

Pomoc!

Tolong!

poplach

alarm

přepadení

penyerbuan

napadení

serangan

nebezpečí

bahaya

nouzový východ

pintu darurat

Hoří!

Api!

hasicí přístroj

alat pemadam kebakaran

nehoda

kecelakaan

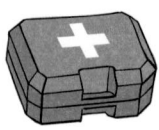

zdravotnická brašna

kit pertolongan pertama

SOS

SOS

policie

polisi

Evropa

Eropa

Severní Amerika

Amerika Utara

Jižní Amerika

Amerika Selatan

Afrika

Afrika

Asie

Asia

Austrálie

Australi

Atlantik

Atlantik

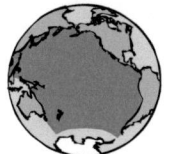

Pacifik

Pasifik

Indický oceán

Samudra India

Jižní ledový oceán

Samudra Antartika

Severní ledový oceán

Samudra Arktik

severní pól

kutub utara

jižní pól

kutub selatan

Antarktida

Antarktika

země

bumi

pevnina

tanah

moře

laut

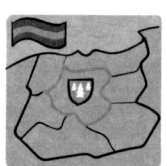

ostrov

pulau

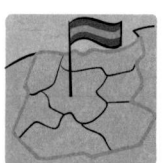

národ

bangsa

stát

negara

ciferník

jam wajah

hodinová ručička

jarum pendek

minutová ručička

jarum menit

vteřinová ručička

jarum detik

Kolik je hodin?

Jam berapa?

den

hari

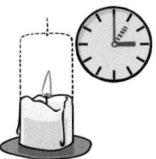

čas

waktu

teď

sekarang

digitální hodinky

jam digital

minuta

menit

hodina

jam

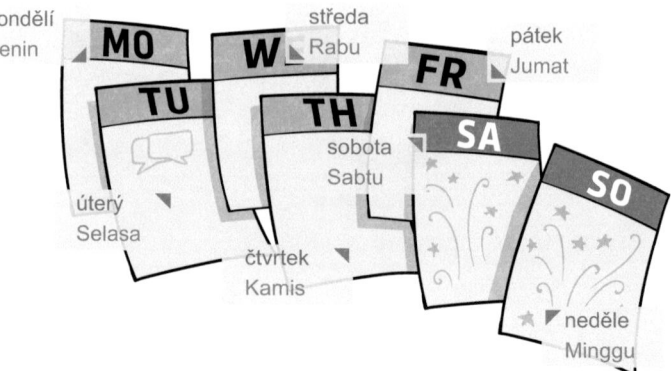

pondělí
Senin

MO

středa
Rabu

pátek
Jumat

TU

W

TH

FR

SA

sobota
Sabtu

SO

úterý
Selasa

čtvrtek
Kamis

neděle
Minggu

včera
....
kemaren

dnes
....
hari ini

zítra
....
besok

ráno
....
pagi

poledne
....
siang

večer
....
malam

MO	TU	WE	TH	FR	SA	SU
1	2	3	4	5	6	7
8	9	10	11	12	13	14
15	16	17	18	19	20	21
22	23	24	25	26	27	28
29	30	31	1	2	3	4

pracovní dny
....
hari kerja

MO	TU	WE	TH	FR	SA	SU
1	2	3	4	5	6	7
8	9	10	11	12	13	14
15	16	17	18	19	20	21
22	23	24	25	26	27	28
29	30	31	1	2	3	4

víkend
....
akhir minggu

déšť
hujan

duha
pelangi

sníh
salju

vítr
angin

jaro
musim semi

podzim
musim gugur

léto
musim panas

zima
musim dingin

4.APRIL	11°	☀
5.APRIL	4°	
6.APRIL	13°	
7.APRIL	8°	
8.APRIL	10°	☀

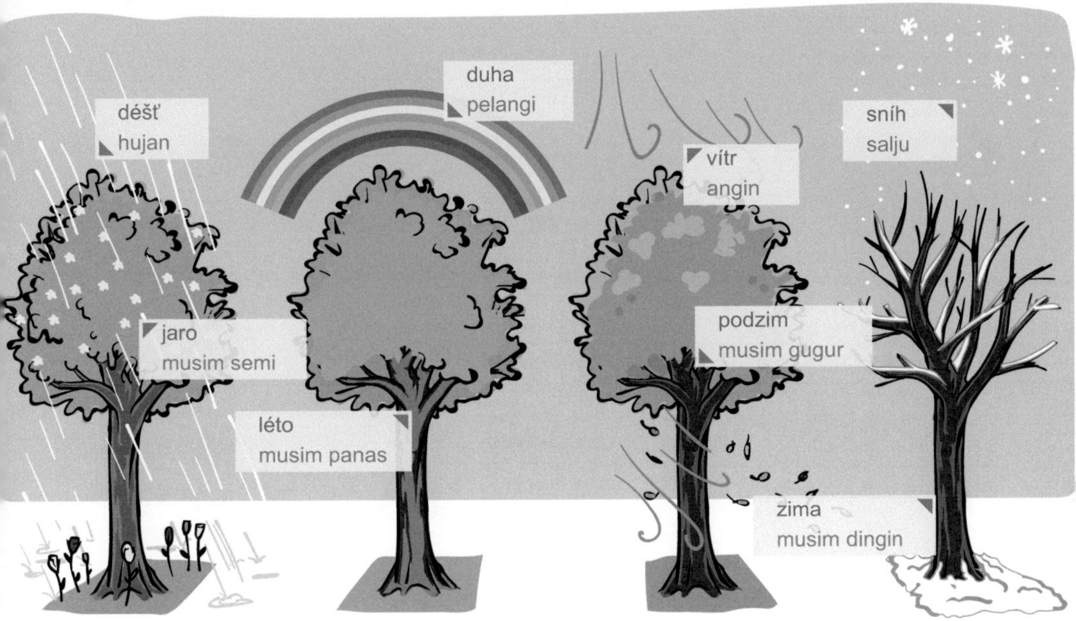

předpověď počasí

ramalan cuaca

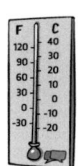

teploměr

termometer

sluneční svit

matahari

mrak

awan

mlha

kabut

vlhkost

kelembahan

blesk

kilat

hrom

guntur

bouřka

badai

kroupy

hujan es

monzun

monsun

povodeň

banjir

led

es

leden

Januari

únor

Februari

březen

Maret

duben

April

květen

Mei

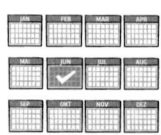

červen

Juni

červenec

Juli

srpen

Agustus

září
....
September

říjen
....
Oktober

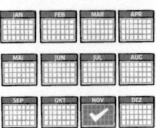

listopad
....
November

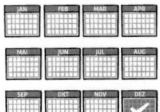

prosinec
....
Desember

tvary
bentuk

kruh
....
lingkaran

čtverec
....
persegi

obdélník
....
persegi panjang

trojúhelník
....
segi tiga

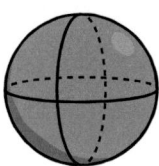

koule
....
bola

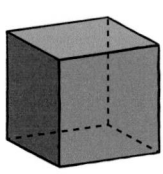

krychle
....
kubus

bílá

putih

žlutá

kuning

oranžová

oranye

růžová

pink

červená

merah

fialová

ungu

modrá

biru

zelená

hijau

hnědá

coklat

šedá

abu-abu

černá

hitam

hodně / málo

banyak / sedikit

rozzuřený / mírumilovný

marah / tenang

krásný / ošklivý

cantik / jelek

začátek / konec

mulaih / selesai

velký / malý

besar / kecil

světlý / tmavý

terang / gelap

bratr / sestra

saudara laki-laki / saudara
perempuan

čistý / špinavý

bersih / kotor

úplný / neúplný

lengkap / tidak lengkap

den / noc

hari / malam

mrtvý / živý

mati / hidup

široký / úzký

luas / sempit

jedlý / nejedlý

dapat dimakan / tidak dapat dimakan

zlý / hodný

jahat / baik

vzrušený / znuděný

bersemangat / bosan

tlustý / hubený

gemuk / kurus

nejdříve / naposledy

pertama / terakhir

přítel / nepřítel

teman / musuh

plný / prázdný

penuh / kosong

tvrdý / měkký

keras / lembut

těžký / lehký

berat / enteng

hlad / žízeň

lapar / haus

nemocný / zdravý

sakit / sehat

ilegální / legální

ilegal / legal

inteligentní / hloupý

cerdas / bodoh

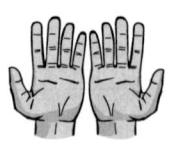

vlevo / vpravo

kiri / kanan

blízko / daleko

dekat / jauh

nový / použitý

baru / bekas

nic / něco

tidak ada apapun / sesuatu

starý / mladý

tua / muda

zapnutý / vypnutý

nyala / mati

otevřeno / zavřeno

buka / tutup

tichý / hlasitý

tenang / keras

bohatý / chudý

kaya / miskin

správný / špatný

benar / salah

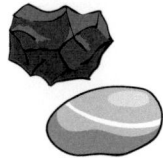

drsný / hladký

kasar / halus

smutný / šťastný

sedih / gembira

krátký / dlouhý

pendek / panjang

pomalý / rychlý

pelan-pelan / cepat

vlhký / suchý

basah / kering

teplý / chladný

hangat / sejuk

válka / mír

perang / damai

0
nula
nol

1
jedna
satu

2
dva
dua

3
tři
tiga

4
čtyři
empat

5
pět
lima

6
šest
enam

7
sedm
tujuh

8
osm
delapan

9
devět
sembilan

10
deset
sepuluh

11
jedenáct
sebelas

12

dvanáct

duabelas

13

třináct

tigabelas

14

čtrnáct

empatbelas

15

patnáct

limabelas

16

šestnáct

enambelas

17

sedmnáct

tujuhbelas

18

osmnáct

delapanbelas

19

devatenáct

sembilanbelas

20

dvacet

duapuluh

100

sto

seratus

1.000

tisíc

seribu

1.000.000

milion

juta

angličtina

Inggris

americká angličtina

bahasa Inggris Amerika

standardní čínština

bahasa Cina Mandarin

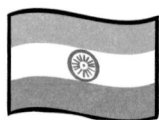

hindština

bahasa Hindi

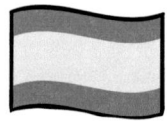

španělština

bahasa Spanyol

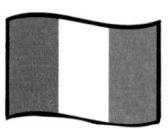

francouzština

bahasa Perancis

arabština

bahasa Arab

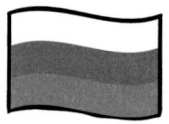

ruština

bahasa Rusia

portugalština

bahasa Portugis

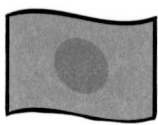

bengálština

bahasa Bengal

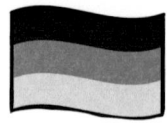

němčina

bahasa Jerman

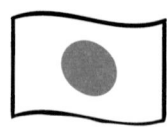

japonština

bahasa Jepang

já

saya

ty

kamu

on / ona / ono

dia

my

kita

vy

kalian

oni

mereka

Kdo?

siapa?

Co?

apa?

Jak?

begaimana?

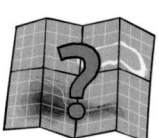

Kde?

dimana?

Kdy?

kapan?

jméno

nama

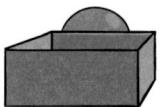

za

dibelakang

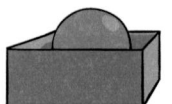

do

di

z

didepan

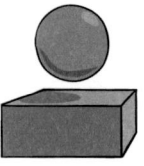

nad

diatas

na

diatas

mezi

dibawah

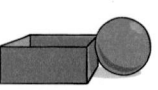

vedle

sebelah

mezi

di antara

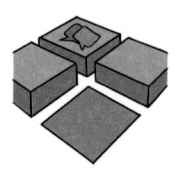

místo

tempat